박명조 제1시집

마음에 피어난 들꽃

水蓮 박 명 조

도서출판 釜山文學

차례

책을 내면서 부친다 · 006

제1부 | **찬 꽃**

찬 꽃 · 009
철쭉꽃 · 010
이슬비 · 011
여인의 꽃 · 012
유채꽃 · 013
천리향 · 014
단비 · 015
어머니꽃 송엽국 · 016
찔레꽃 Ⅰ · 017
옥색 바다 · 018
애틋한 사랑 · 019
버려진 사과 · 020
주인공 · 021
무전여행 · 022
쑥부쟁이 · 023
나는 꽃시인 · 024
큰 사랑 · 025
그리움 · 026

제2부 | **모정은 모래글에 사르다**

모정慕情은 모래글에 사르다 · 029
찔레꽃 Ⅱ · 030
원추리 · 031
봉선화 · 033
호박꽃 · 034
분꽃 · 035
방울 토마토 · 036
샐비어 · 037
갯모밀 · 038
하얀 모시 · 039
라일락 · 040
모란이 피면 · 041
오뉴월 · 042
네잎클로버 · 043
장미빛 사랑 · 044
담쟁이넝쿨 · 045
청명 · 046
새겨진 그 자리 · 047
여름 복숭아 · 048
자생 · 049

제3부 | 들에 핀 노란 소국

들에 핀 노란 소국 · 051
동굴이 · 052
파랑 콩 노랑 콩 · 053
토종 알밤 · 054
매화꽃이고 싶다 · 056
메리골드 · 057
완두콩 따던 날 · 058
백연꽃 차 · 059
밤 풍광소리 · 060
큰 사랑 · 061
운무 · 063
기도 · 064
강가 · 065
창조 · 066
작은 행복 · 067
또 어머니 · 068
부처님 · 070
수국 · 071
해운대 · 072
꽃 무릇 · 073

제4부 | 녹차꽃

녹차꽃 · 075
여백 · 076
동백꽃길 · 078
호박 · 079
밀봉암 가는 길 · 080
주홍 햇님 · 082
반구대 암각화 · 083
분홍 동백 · 085
인연은 바로 여기에 · 087
빈 지게 · 089
금낭화 찻집 · 091
오륙도 · 093
엄마 품 · 094
홀씨 피워 나르고 · 095

책을 내면서 부친다

> — 시인 수연水蓮 박 명 조

'마음에 피어난 들꽃'이라 적어본다.

산길을 걷다 보면 산비탈에서 놀란 동물들이 후다닥 뛰는 소리, 자연만이 존재해 왔던 마음의 추억이라는 고향이 늘 자리하고 있다.
나의 고향은 롯데 선친 묘소가 자리하고 있는 골짜기 따라 2km 정도 걷다 보면 문수사 산 밑이라 한나절 중 금방 음지가 되는 골짜기이다.
어린 걸음에 근근이 발자국 옮기는 돌담에는 검은 물나비 팔팔 날아다니고, 다슬기들이 물이 흐르는 돌담에 기어오르고, 목화 열매 따먹던 일, 찔레 순 꺾어 먹던 달큰하고 상큼한 맛, 길가에 보라색 사루비아, 하얀 노랑 인동초 꽃잎 떼어 꿀 빨던 달콤한 기억들, 인동초 뿌리 우린 물로 식혜를 만들어 먹었던 기억이 지금도 선연하다.
산길 오르막 오르다 보면 봄 진달래는 지천으로 온 산을 뒤덮었다. 입술이 새파랗도록 진달래를 따먹던 일은 추억이다.
어릴 적 집 주위에는 나무와 꽃들이 많았다. 탱자나무 동이감나무 자두나무 복숭아나무 반시감나무 살구나무 배나무 밤나무 참감나무 대나무 엄나무 대추나무 깨감나무 모란꽃 작약꽃 더덕 우엉 지황 앵두나무 명자나무 삼밭 오이 참외 수박 고구마 감자 가지 고추 등등 자연 외에는 문명의 흔적이라고는 없다. 경사진 송 씨 산소 마당바우는 형제들과 미끄럼 타던 놀이터였다. 형제들과 낚시하러 다닌 일, 겨울이면 저수지 연못에 스케이트 타던 일, 오빠 따라 소 꼴 먹이러 따라가 공기놀이 하던 일 등……
지나고 보니 참으로 경험하기 어려운 자연체험을 하며 자라왔다.
이렇게 나이가 들어 도시 살아도 마음은 늘 고향으로 향하고 있다. 그래서 꽃과 자연에 대한 시가 많고 제목도 '마음에 피어난 들꽃'이라고 언뜻

뇌리에 스쳐 적어 두었다.
늘 바쁜 일상이라 글을 쓴다는 것이 마음만 가득할 뿐이었고 그 속에서도 언젠가는 내가 자란 고향을 적어두고 싶다는 마음이 늘 있었다.
산길 어느 곳에 찔레꽃이 있었고, 어디에 복분자가 있었고, 어떤 나무에 집게벌레가 있고, 어느 골 냇물에 산가재가 살고, 어디에 물장난치던 조그마한 웅덩이도 있고…… 산이 에워싼 들판은 형제들의 놀이터였다. 이웃 할머니집 고목나무의 앵두는 정말 맛있었다. 오라버니 덕분에 50년 만에 그 고향 골짜기를 남편과 찾아가 보았다. 미끄럼타고 놀았던 송 씨 무덤가 마당바우 비석은 여전히 '송씨'라고 적혀있었고, 앉아 쉬곤 했던 바윗돌은 거북 등짝처럼 바스락 부서져 내린 채 그대로 있었다.
늘 가 보고 싶었던 고향을 다녀왔으니 소원 한 가지를 이룬 것 같아 너무 흐뭇했다.

첫 번째 소원을 이룬 이즈음에 첫 시집을 펴내게 되어 마음 가득 흐뭇하다. 첫 시집은 시골 느낌인 들꽃을 있는 그대로, 마음 가는대로 시화시킨 나의 마음이고 정성이다. 어여쁘게 쓴 글이니 아름다운 혜량을 바란다.
끝으로 늘 응원과 수고해 주시는 「부산문학」 대표님, 함께 시를 쓰고 나누는 동백문학회 회원님, 저를 소중하게 아끼고 사랑하는 지인들, 내 소중한 딸과 아들 그리고 가족들에게도 감사의 인사를 드린다.

2023년 8월에

제1부 | 찬 꽃

찬 꽃

아지랑이 일던 봄날
앞산 뒷산 사방
노래 짓던 환한 미소로
힘 주어 오르던 외길

구비구비 모퉁이 돌아앉은
비탈진 어둑한 곳에서나
곳곳에 피워 만개했던 진분홍
그리운 얼굴들

한 잎 따다 먹던 멍울 진
추억의 망울망울
화염 병풍 그 자리
극락천지였네

추억할 수 있는 그 길은
눈도 시리던
찬란한 선물

보드레 살갗에
정겨운 환한 미소에
그리움이 뚝뚝 떨어지고

망울망울진 얼굴
그리움이 피어나네

지우질 못한 그리움으로
너를 품고
오늘도 걷고 내일도 걷는
추억의 꽃길

철쭉꽃

진분홍 올록볼록
멋내기 치맛 주름은
하늘 품고

그리운 봄비 속
나풀나풀 나래
펼쳐 드네

봄마중 나들이
수줍듯
고운 미소에

치맛자락 맴도는
지친 나그네
쉬어 가네

이슬비

오색으로 찬란한 수정체
반짝반짝 점 하나 둘
옷깃에 스며 들고

빨간 불빛 나풀나풀
저녁 도시를 물들인다

등 뒤로 시원한 바람 스치고
바깥 공기가 좋아
벤치에 앉았네

이슬비에 가라 앉은
더운 열기

지척 집을 두고
앉아 쉬는 것은
또 다른 내일을 위한 휴식

여인의 꽃

봉울 봉울들이
긴 그리움으로 애태우며
볼그리 절인 꽃잎에 감싸여
봉울 터뜨린 향긋한 노란 미소

아름드리 여인은
향기에 서성이다
감싼 꽃받침 헤집으며 드러낸
하이얀 봉울 얼굴

수줍다 못해 앙증한 미소
누군들 그런 절기
가슴으로 남지 않으리

춘설 매화는
이미 봄이었음을

찻잔 속 떨군 봉울은
향기로 피어나
과거의 여인으로
꽃을 피웠네

유채꽃

이랑 이랑 메운 갈잎
마른 대궁이에
봄은 피어나고

꽃샘 추위에
갓 핀 푸성귀
새콤 달콤 겉절이
봄 맛 돋우네

어머님 손길
유채 텃밭
푸성귀 따는 재미에
솔솔하고

해 묵은 유채꽃밭
이제 벌나비
누가 맞이할까

천리향

앙증 조그마한 나팔꽃
송글송글
많이도 영글었고나

바람따라 천리까지
뿜는 향기

아름답지 않은 꽃
어디 있으랴

화려하지도
절절하지 않아도
향기 뿜는
너의 자태에
서성이다

옷자락 따라
도는 향기
휘잉
돌고 도네

천리만리
오가는 걸음마다
향기 따라 오네

단비

목 마른 초목은
산들바람에
일렁이고

고운 진분홍 과꽃
꽃밭 가득 그리며
옮겨 보지만
언저리 이슬로
솟구질 못하고

오르지 못한 소망
채송화도
이슬 마르네

호스 물에 쓰러진 맨드라미
붉은 정열 틔우고

저 먼 푸른 산
이슬 단비에
선녀 운무
꽃가마 태우네

어머니꽃 송엽국

소나무도 아닌
솔잎 이름 달고
이 땅에 나온 건가

그대 탐스런 빛깔
천연 빛 영글었네

끝 날 세운
뾰족한 이파리

벙긋 콧날
그대 보이네

솔잎 꽃 그대는
바람결에 소소한데

그 빛 그 내음
소나무로 눈길 가네

스치우는 바람결에
목 놓아 별 밤 부르고

그대 푸른 청춘
솔잎 되어 보려네

찔레꽃 I

하얀 달빛에도
부수어 내리나
순백의 하얀 꽃

개울가 하얗게
청초롬 피던 꽃

가슴 묻힌 개울 기슭
늘 그 자리에
하이얀 찔레꽃

순 껍질 까 먹던
순한 향긋한 떫맛

이고 진 푸성거리
쉼터 바위돌 앉아
시름도 잊었을
하이얀 꽃

하이얀 꽃 핀 그 개울가에
보고픈 어버이
달빛 속 젖네

옥색 바다

저 높은 곳에서
태양은 바다가 무척 그리웠나

바다를 많이 보려고
그렇게 높이 높이 떴나
그래서 옥색이 되었나

비취옥 티 하나 없듯
맑고 청아하여라

서녘 해 노을 바다
검푸르고

많이 보아서
이젠 눈을 감네

애틋한 사랑

새벽을 열기 전
아버지라는 이유로
텃밭을 향하네

볼그스런 얼굴에
갓 태어난 아가의 속살
피어나는 함박웃음

빨강 소쿠리 가득
담아 두었네

보드라운 속살
홈 후비며 놀다 간 자리
검은 길이 나 있어도
벌레 먹은 복숭아는
약이라나

새벽같이 달려가
하늘의 별과 달도
따다 줘야지 하는 마음은

끝 없는 아버지의
애틋한 사랑

버려진 사과

음식물 쓰레기 가득한
뚜껑 속 나란히 놓인
빨강 사과 두 개

연이어 그 다음 날도
똑같은 장소 똑같은 자리
빨강 사과 두 개

누가 버린 것인지
버려질 이유가 없던
빨강 사과가 두 개

나에게 선물로 왔나
누가 볼까나 얼른 챙겨
가져 왔네

깨끗이 씻어
갈아서 먹었던
싱싱한 사과 맛

그 날의 빨강 사과는
늘 가슴에 남아
모성애 불꽃처럼
활활 타올랐네

주인공

모든 생명은 누구나 주인
바쁜 삶을 살아가지만

사람은 본래 있는 그대로
본래 가지고 있었던
그 자리로 가야

늘 편안하고 있는 그대로
자연 그대로

누구도 더럽히질 못하는
때를 묻힐래야 묻힐 수 없는
오롯하고 성성한 자리

주인이 있는 자리에
그림자 머물지 못하고
늘 평안하네

세상에 태어나서
제대로 주인 노릇하고
가야제

무전여행

무작정 길 따라
도착한 지리산 대원사

목적도 없이
달랑 가방 하나 든 채
딸과 함께
진주를 거쳐
타고 싶은 완행버스를 타고

지나가는 도로 밑
옹기종기 동네마다
군락 이룬 매화꽃
어느덧 버스는
종점 대원사를 향했네

참배를 하고
쳐다 본 천왕봉
시간 거리상
다음으로 기약하고

두고 두고 기억에 남는
딸과의 행복한 추억

그런 날 있어
오늘이 행복하다

쑥부쟁이

가녀린 긴 꽃대
보랏빛 연정 담고
가을 들녘을 메우네

무슨 그리움에
두루 두루
모여섰나

꽃밭 아닌 들꽃 되어
임그리워
늘어섰나

스치우는 바람 결
옛 사랑 추억 실어 오누나

나는 꽃시인

꽃시인이라 불러 주는
님의 입술에 향기 나고
꽃이 좋은 꽃시인
마음에 꽃향기 나네

꽃을 찾는 시인
가슴에 핀 들꽃
그 꽃 그 향기
품고 품어

달빛에도 햇살에도
시 언어로 여무네

별들에 노래하고
나비에 춤을 추니
새벽녘 먼동
따스함에 흐르는 시

꽃시에 흘러드는
포근함에 취하니
꽃향기 된 님의 입술
꽃시인 만들었네

큰 사랑

아버님 누가 좋으세요
열 번 물어 한결이네
아들보다 며느리가 좋단다

돌아보니 아버님 인연
하늘이 주셨네

살림살이 힘듦에
시골살이 한 두 달
어미 손길 기다릴 아기
그 시기가 서러웁네

늦깎이 배운 경운기로
바람 쏘여 준
예순 넷 시아버님

둑방 구경 며느리 사랑
아버님 큰 사랑
부엌살이 보살핀 세심한 마음
예나 지금이나 며느리 사랑

며느리 향한 아버님 정
이제나 저제나 잊으리오
그 뜻 그 마음
제 안에 살아 있다오

그리움

몽당연필에 조그만 필통
노트 몇 권 가방 메고
경로당 가셨네

근근한 이름 석자
푸른 코 끝 벗어나
병아리 알 깨 듯
한글을 거치셨네

구깃구깃 종이에
꼬불꼬불한 글씨
가슴 매단 수건에
콧물 역사 이루었네

벽면에 노트에
자식 번호 적어놓은
애틋한 부모 마음
그 서글픔 가슴 저미네

열다섯 시집살이
밥 짓는 숯검댕이
바닥 그린 그 숱한 날
화마가 집어삼킨 설움

애살 굳센 마음에
남은 열정

별밤 정적 속에
그리운 어머니

그 손때 자욱
여기저기 묻어 있네

파이프 묶은 노끈에
터진 소쿠리 이불 실로 꿰어
그 손자욱 애잔하네

보고 또 보아도
시절의 아픔이

떠나는 새벽 그날
뒷산 노루 슬피 울어
산천을 울리었네

어미 세상 떠나는 데
아직 잠이 오느냐

찔레꽃 II

길 가 핀 하얀 찔레꽃
그리운 하얀 꽃
그 향기 너무 짙어

하얀 꽃잎에 앉은 벌
뒷 꽁무늬 치켜
노랑 꿀 쭉 삼키던

그 향기 눈에 맺히고
해묵은 자리 지키고 섰을
그리운 하얀 찔레 꽃

그 향기 그 내음
아직도 눈에 선하네

원추리

이른 봄 양지녘
마른 갈대잎 사이로
아기 새싹 눈 비빈다

나즈막한 야산에
주홍 원추리
묵은 입맛 돋아내는 봄 첫나물
어린 순은 나물이란다

산기슭 듬성듬성
한 두 송이씩 피어난
주홍 원추리

아빠따라 산행 다녀 온 아이
원추리가 마냥 이뻐
긴 꽃대 뿌리째로 심어
화단에 가득하다

사랑스런 주홍 꽃
아이도 사랑 가진 걸
미처 몰랐네

어머니 산소는
봄나물로 채워지는
주홍 원추리를 심었네

긴 꽃대 한 두 송이
여름날 피어 내니
그 사랑 새로워라

먼 훗날
어머니 마음에 가득할
주홍 원추리

봉선화

임그리워 그늘에 서서
바라본 들녘

초여름 달구며
꽃밭 가득 피어난 봉선화
빨강 주홍으로 붉어진 얼굴

한 잎 두 잎 찧어
하얀 손톱 얹어주며
놀던 추억

늘 마음 한켠에
담아놓은 그리운 봉선화

호박꽃

지린 장맛비 그친 자리
창공은 뭉실구름에 화해지고

처마 밑 햇볕 사이로
물 마른 빗방울 뚝뚝

기왓장 서까래 위로
넓적한 호박잎 거북 걸음
숨 고르며 오른다

비에 젖은 닭벼슬
노란 호박꽃

하늘을 바라다 보며
웃음꽃은 지고 피니
여우비에 웃는다

분꽃

그늘 지어 흐드러지게 핀 꽃이라
무심히 스쳤던 길목

화답은 엊그젠가 하니
새로운 분홍 나필은
싱그러운 초여름을 알린다

꽃들이 진 초여름
진분홍 분꽃은 주인공이어라

그늘 진 곳 어디서나 묵묵히
흐드러지게 피어올라

해 저물 때 오므렸다
해 오를 즘 뿜어대는 향긋한 내음

오가는 길목 나그네
향긋한 향기에
머물다 나누는 수줍은 사랑

방울 토마토

빨강 방울 떨어져
어린 순 틔웠네

지지대 손 잡고
하늘 높은 줄 무성타
마음껏 줄을 타네

동글한 파랑이
태양 아래
빨강 옷 입고

여름의 모듬 과일
건강의 홍일점

물 마른 누른 대궁이
하나 남은 방울이
가을 속 여행길 떠나네

샐비어

여름 꽃 무리질 때
환히 피어 불 타는 샐비어

들깨꽃 닮았다 해서
깨꽃이라 부르지

어릴 적 길 가 보라빛 샐비어
오가는 길 꿀 빨던 추억

이글거리는 한여름 태양에
온 청춘을 불 사르다가

꽃들이 진 길목
빨갛게 가을 여백 지키며 섰네

갯모밀

조그마한 한 줄기
번지는 그리움
지피 식물

파란 몸 땡볕 몸서리에
빨갛게 단풍 물든
지피 식물

줄기 뻗어 뻗어 사방팔방
앙증 맞은 별사탕 꽃이 송송

바닷가서 자란다 해서
갯 모밀

사랑스런 별 꽃
들 꽃은 들에서 자라야
이쁘나 보다

하얀 모시

하얀 모시 두 필 꺾어
적삼 옷 청실 홍실 엮어
여름철 났던 나빌레라

남겨진 하얀 적삼
미어지고 헤질세라
아버님 옷 조심스레
풀 먹이다가

아직 못 다 거둔 일
눈에 밟힌 채
돌아오지 못 할
저 강 건너

적삼 옷 한 번 깨끗이
입히지 못함이
이 여름날 메여 오누나

날실 올실 헤지고 미어진
아직 손때 묻은 어머님 적삼 옷자락이
갈 길 남아 보자기 싸인 채

생전 그리움을 풀 먹여 놓고
아직 할 일이 있으신 아버님
떠나실 날 어머님 적삼 옷
함께 보내 드릴게요

라일락

뉘 있어 스치듯
달큰한 향기
따라와 뒤 도니

연보라 라라꽃
목젖 놓아
무더기 불러 젖히네

가느린 긴 목대 앙증 나팔꽃
온누리 연보라 향

지치고 힘든 길
연보라 라일락 품 안
번뇌 접고 떠나가네

모란이 피면

봄날 문득 돌아
꽃들 피고 진 자리

싱그런 연두빛 달
또 다른 봄 피듯

모란꽃 함박꽃
흐드러지게 피면

모란을 좋아한 어머니 덕에
유년시절 피어나고

흐드러지게 메웠던 장독대에
모란꽃 함박꽃

진분홍 모란꽃에
볼그레 빛 함박꽃에
어머니 얼굴 피어오르네

오뉴월

고요한 적막
차오르는 달빛 속
젖어드는 별빛
아직은 찬 밤 공기

동면 나온 개구리
오뉴월 목젖 놓네

내 어릴적 듣던
추억의 소리
저 먼 아련한 개골 소리
고요한 적막을 뒤엎고

늦어버린 밤
시골에 모신 아버님

눈가에 맺힌 이슬
볼 훔치며
손꼽을 약속하며 떠나오네

달도 차면 기우는
오뉴월 밤이 서럽구나

네잎클로버

길섶 토실토실 토끼풀꽃
꿈을 쫓아 하늘 향하고

풀꽃 엮어 하얀 손에
꽃가락지 채운 추억들은
도시 언덕에도 하얗게 메웠다

옹기종기 네잎클로버
행운 쫓아 꿈꾸었던
책갈피에 말려둔 바스락 소리는
저만치 밀려들고

아련한 추억들이
하얗게 밀려와
초여름 도시에도 내린다

장미빛 사랑

온 우주를 삼키고도
눈 깜짝 하지 않는
장미빛 사랑

말도 여의고
생각도 여의고

영원한 생명의 실상
허물의 옷 벗어 두고

진한 향기로 다가와
주렁주렁 매달린 채
초여름을 장식하네

담쟁이넝쿨

얼마나 많은 시간
달려서 수 놓았을까

질곡을 거쳐
걸음걸음 집게발

일촌 광음을 달려서
밤낮 수 놓았을까

스르르 타닥
바윗돌 치며
휘리릭

폭포수 소리 따라
걸었을까

무한한 시간 속을
벽면 통째 삼키고도
모자라

담쟁이넝쿨은
화장장엄 華藏莊嚴 세계를 이루었네

청명

밤 하늘 동그마니 달빛 내리고
별들 찬란하다

강 기슭 노란 무리 유채화
달빛에 어리누나

졸졸 개울 소리
꾸르 꾸르륵 겨울잠 나온 개구리

청명도 무색하리
밤 공기가 차갑네

밤은 짙어가고
개울 소리 쓰르르
별들도 하나 둘씩
가슴 속 쓰러지네

새겨진 그 자리

주중 일 마치고
할아버지 생각

시골 가려면
딸 아들 찬거리
다져 무쳐 굽고 끓이고 동당 동당

이것 저것 하다
늦은 밤 새벽 걸쳐
캄캄한 고속도로
나홀로 질주하며 시야를 가르고

시골 일 마치고
주말 돌다 오는 날
할아버지 아비 찬거리
다져 무쳐 굽고 끓이고 동당 동당

엄마라는 자리
마법 손처럼 찬거리
일주일 내내 든든하고

새겨진 그 자리에
선산 지킨 굽은 소나무
그리운 어머님 있었네

여름 복숭아

길 자판에 펼쳐진 볼그스런 복숭아
칠 팔월 뙤약볕에 달구어졌네

오천 원이면
가족들 나눠 먹을 수 있던
복숭아 한 소쿠리

점심 한 끼 아까워
라면 하나로 떼우던 때

땡볕 길 자판 복숭아가
그렇게 먹고 싶던
계절 두 해가 지나고

어느 해 올케가 보낸
복숭아 한 박스

인사도 못한 세월은
그렇게 흘러가고 있었다

자생

세찬 하얀 파도
갯바위 휘몰아 돌아가고

밀물 쏠려 든 뿔난 성게
하늘로 치솟아

바윗돌 까치발
생명선 부여잡고

자줏빛 돌미역이
나풀나풀

파르라니 파래가
일렁일렁

자연이 주는
경이로운 아름다움에
쓰러지네

제3부 | 들에 핀 노란 소국

들에 핀 노란 소국

길모퉁이 돌아
황토 흙 겨우 의지한
노란 소국

지나가는 발걸음도 그리워라
홀로 피어
가을 향기 전하네

할아버지 생각
한 걸음 바빠
걱정이 앞서고

노란 들국화
어쩔 수 없이
너를 보내고

가을 들녘 지키다
돌아서는
서글픈 짝사랑

동굴이

동굴이 상수리
꿀밤 도토리 속서리

큰 괴목에 열리는 열매
동굴이 상수리라

작은 나무 열린 열매
꿀밤 도토리 속서리라

깐 노란 동굴이
흑색 동굴이 되네

깡 마른 동굴이
디딜방아 쿵더쿵

넓은 맛 우린 앙금에
갱 물 보태어
도토리 묵 해 준
아비의 손맛은 일품

옛부터 내려온 맛
어깨너머 배운 요리
조상의 지혜 깊고도 넓어라

파랑 콩 노랑 콩

남 몰래 서리 해서
장작불 눈 비비며
오손도손 까먹던
서리콩 풋콩

노랑 콩 말리어
도릿깨 질 휘익 굴려

딸그락 딸그락 튀기며
달아나는 노랑 콩
채에 훠이훠이
콩깍지 날리고

삶은 콩 쿵더쿵 디딜방아
메주 지푸라기 엮어
시렁에 매달아

소금 간물에 숯 고추 메주
둥둥 떠 오를 때
앵두 꽃잎 파르르 떠 다녔지

간장 된장 만들던
조상의 풍습은 예나 지금
깊고도 넓어라

토종 알밤

반질하니 윤이 자르르
꽉 찬 하얀 알곡
가족들을 살찌우고

쩍 벌어진 밤송이
우드득 우드득 비비며
브네 벗겨 깨물면
떫고도 달아

어릴때 먹던 타박이
포실포실한 맛
장독대 뒤로 가을이 스친다

풀밭 걷으며 오르락 내리락
가시 찔려도 가족 사랑

벌레 먹은 짜투리도
룰루랄라 흥얼 노래
망태기 둘러메고

쏴-아 수돗가
벌레들의 놀란 가슴
잽싸게 흩어지네

아비 노고 덕에
속 찬 알곡
가족을 살 찌우네

매화꽃이고 싶다

연두겹 쌓인
하얗고도 고운 마음
그런 마음

터질듯 망울망울
인고의 세월의 기다림
그런 기다림

티 없는 환한 웃음
에너지 주는 얼굴
그런 화안시

찻잔속 떨군 하얀잎
향긋한 내음
그런 향기이고 싶다

메리골드

새벽녘 꿈꾸며
메리골드 향기 맡고

꽃밭 보금자리
금빛에 소복하네

부모님 주셨는가
사랑 내음 꽃부리

꽃도 보고
향기 먹는 금빛

늦가을 햇살 덕에
대궁이는 찬란하고

너는 나의 사랑
미모에 눈부시네

완두콩 따던 날

가을 완두는
아린 한 겨울 나고

하얗던 나비꽃에
푸른 완두 주저리
앉아 놀다가

줄타는 완두
기댈 언덕 비비다
바람결 따라 으스러져

푸른 재를 넘은
갈잎 누런 완두
솎아 부풀고

솔솔 내리는
이슬비에
한 가득 담고서

속 차고도 물컹한
구수한 할비 밥상
부풀어 정겨웠네

백연꽃 차

백연의 꽃
누운 연잎 온 우주를 머금고
귀한 하이얀 봉오리
절개를 지키고

연차 한 잔 두 잔
세포 하나하나 돋우어
묵은 오장육부 훑어 내리네

꽃이고 싶어
연꽃이고 싶어라
고귀한 생명에
눈물이 나는구나

차 한 잔 속에
맑은 혼이 흐르고
은은한 향기 속에
세상 시름 달래네

밤 풍광소리

내 어릴 적 듣던
정겨웠던 소리
짝을 잃었나

토닥 토닥
발자욱에 놀란 가슴
포물선 타고 멀어져 가네

저 멀리 개골 함성
이어지는 합창 하모니
포물선 타고 오네

밤 풍광 소리는
내 어릴 적 듣던
정겨웠던 소리
그리운 고향 소리

큰 사랑

젊을 때는
먹고 사는 일에
인생을 걸었다고

시집 와 앉혀두고
춥고 배고픈 세월을
이야기해 주셨네

한 겨울 새벽 가르며
온기 없는 성글한 아침
쇠죽부터 바쁘고

온종일 늦게까지
일손 놓치 않고
마디마디 휘어진 손가락

힘든 며느리
경운기 태워 논 들
구경시켜 주던

철 없는 며느리
아버님 곁에 쉴 때
늘 편안했네

시골에서 돌아서는 길
한 번 더 마주한 눈빛은
조심히 다녀오라는 등대 불빛

그 등대 불빛이
자꾸만 희미해져가네

운무

옥상에 올라가
간장 뜨다 말고

저 먼 산
비 갠 하늘 쳐다보니

푸른 산
마구 마구
피어나는 하얀 운무

선녀구름
꽃가마 타고
두리 두둥실

비집고 나온 햇살
간장 항아리 속에
둥지 틀었네

기도

저 세상에서
무얼하다 왔느냐 물으면
무어라 말할까

이 세상에서
놀다 어영 부영
그냥 왔다하기에는

한 편의 시라도 써야제
삶을 살찌우는
기도라도 해야제

글이라는 건
나의 삶이고
나의 흔적

무한한 세계로 인도하고
바른 곳으로 이끌어내는
그런 시
그런 기도해야제

강가

서산 걸린 햇살
불타듯 부수어
창가로 내린다

강가 은빛 물결
조각 비늘은
강 줄기 타고 흐르네

내려다 뵈는
도시의 차도는
급물살 타고

창가 드리운
호접난은
햇볕도 삼키었다

창조

새움 트고
꽃 피어 지고
열매 맺는

모든 생명은
끝 없는
윤회와 창조

풀섶 빗방울은
산기슭 따라
흐르고

휘고 늘어진
나뭇가지 마다
푸르른 기상

외줄 타는 칡넝쿨
사랑 찾아
하늘로 치솟네

작은 행복

마음 쓰임이 고맙다
군대에서 월급 모아서
물침대를 사 줌이 고맙다

훈련소 들어가던 날
끝 간 데까지 뒤돌아
어미 보이지 않을 때까지
뒤돌아 보던 아들

교실문 소등 철저히 하던
모든 일도 시키면
어김 없는 아들

고교시절 그렇게 어려운 형편에도
장님을 위한 지팡이 후원을 몇 년간
했던 아들

점심 시간 되어
어찌 배고픈 어미 맘 아는지
주먹밥이랑 두유를 건네고

출근시간 늦다는 소리에
차를 가지고 엄마 찾아 빙빙
불과 2분 거리를 태워주고 떠나는 아들

엄마 마음을 어찌 그리도 아는지
사랑하는 아들
마음 쓰임이 너무 고맙다

또 어머니

황갈색 울궈낸 차 한 잔
촛불로 데워 놓고
투명 자완에 사랑 담아
기다리는 마음

그런 모습에 한 순간
안온해지고
하나 더 일손 보태고저
늘 살가웁게 거두는
정감 넘치는 또 어머니

그 사랑 앞에
내 모든 것이 녹아진다

동동 걸음 샌드위치 두 조각
따숩고 후덕한 또 어머니

한 조각 남겨 챙기는
끈끈한 모정
내 사랑하는 사랑이
사랑 아닐지라도

주고 또 주어도
모자라는 모정 앞에 쓰러진다

내리 사랑은 늘
샘물처럼 솟아 오르고

웃사랑에 안온하고
내리는 사랑 앞에
늘 목이 메인다

부처님

부드러운 미소 속
피어나는 자비로움
그 얼굴 화안시라

생각을 깨우치면
처처處處 안락하고
한결같은 마음
스스로 있는 그 자리
본래의 성품이어라

님 품 속 같은
영원히 편안한
본래 무시겁전無始劫前

오롯이 성성한 그 자리
부처라 하고
본래 성품이라 하네

수국

뭇내 수줍듯
볼그런 망울이

연두꽃잎
틔운 옹아리

꽃잎 서너 장
홀쳐 옭아

꽃잎 끝부터
분홍물 절이고

주저리 주저리
다발 꽃다발
누굴 줄까나

왜 그리
고운 줄 몰랐네

본래부터 스스로
가진 마음이라

해운대

푸른 바다는
일몰과 함께 사라지고

하나 둘 피어나는 불빛은
연인들의 밤을 물들였네

하얀 모래에
새겨넣은 손 글씨
파도가 쓸더라도
마음 속 아로새기는 추억

모나코…
모든 것이 푸르고
아름답기만 할

감미로운
추억의 조각들이
파편처럼 부서져
내리고

버스커 팬 플룻
천상의 소리는
보름달처럼
익고 있었다

꽃 무릇

긴 세월 얼마나 기다렸나
오지 않을 사랑 그리워
긴 꽃대를 하고 섰나

빨간 얼굴 달아 올라
하나 둘 여섯 얼굴
피워내어도

오지 않을 님
사무친 그리움

넋이 되어 그 집 앞
더기 더기 무더기로 피웠나
기다림에 길어져 버린 수술

사랑하는 사람
그리매 기다리며

영글어 가는 꽃무릇
그리움되어 번지네

제4부 | 녹차꽃

녹차꽃

하얀 꽃잎에 노란 수술
겨울 한 낮
산 속에 홀로 피어 있었네

구덩이 푹 푹
우비 한 삽에
새의 혀가 움트고

험한 골짜기
물통 싣고 오르락 내리락
불안하기 그지 없어 기도하며

물 주고 퇴비 주고
정성 준 아비 덕에
은은한 향 신선도 함께하네

하이얀 순백의
가슴 속 늘 그리며 좋아했던
백의의 천사꽃

그래서 자꾸만
꼬부랑길도 따라 나섰지

여백

마음 어느 한 곳을 비우는
여백이 좋고
종이 위의 여백이 좋고

사방 팔방 밀집된 아파트
보다 한적한 시골이라는
여백이 좋고

가득 채운 방보다
단정한 방의 여백이 좋다

채울수록
쉴 공간이 없어지고

썰물이 쓸고 간 바닷가
모래사장 여백엔 글씨를
쓸 수 있어 좋고

아파트 안 공간보다
때론 밖의 찬 공간의
여백이 좋다

사람은
여백을 좋아하나 보다

물건으로 채우는 것보다
마음의 여백을 두는 것이
편안하고

빈 공간에는
새로운 걸 채울 수 있어 좋고

온전한 여백은
마음을 비워둔 공간이라네

동백꽃길

동백섬 둘레길에는
역사의 숨결이 흐르고

한 줄기 희망으로
동백꽃을 심었던 고운 맘이
동백섬을 절구었네

휘모는 바다 광풍
한 떨기 고운 맘이
미소로 화답하고

붉은 기상
해풍 맞은 동백이
여여하기만 하네

동백 거목에는
농박새늘이 살고
올레길 둘레길 가슴마다
동백은 피어나네

호박

동글동글 호박 풍년
굵은 호박 작은 호박
물 주고 거름 돋우어
정성 다해 키운 호박

복닥복닥 검정콩 흰콩
팥 한 사발 찹쌀 한 그릇
설탕 몇 스푼 단 호박 섞어
달짝지근 노르스름 호박죽
그리운 어머니 옛정

쑥쑥 배 채우고
편히 먹기 좋아라
달짝지근한 맛에
길들여진 가족들

호박 부침개도 고소하고 달큰해
어깨 너머 배운 요리
해지는 줄 모르고 질이 나네

밀봉암 가는 길

개울가 얼음 녹고
냇소리 솔소리
우렁차고

가랑비 단물되어
목마른 자연은
웃으며 향기 품네

오르는 길목에는
애잔하고도 짠한
그리움 묻혀있고

뽀얗던 봉울은
미소 터뜨리네
매화 향기는
길목 가로 저으며
서성케 하네

돌담 이끼는
천연토록 푸르고
암자 길목에는
개구리 울음 선연하다

금강경 한 편에
묵은 마음
녹아내리고

조모님 기도처
산신각엔 아들 딸
호롱불 빛이 나네

스님과 차 한 잔
푸근함에 녹아지고
더도 덜도 말고
이런 시간 기다려지네

주홍 햇님

새벽 어둠 속 광야
나즉한 산 가르며
희미한 어둠 하늘
진한 주홍 해가 여여하다

방금 솟구칠 바램
가슴 담고저
어두운 하늘에는
불그스런 꽃이 피어오른다

주홍 해 차츰 금빛 찬란하고
저 찬란한 광채는
금빛 파편 조각되어
길 위에 부수어 내린다

금빛 찬란한 해는
눈부심으로 마주할 수 없고
모여드는 산들 녘
길 위 부수어 내리는 하얀 빛
여여한 길 따라 여기 머무네

반구대 암각화

강 줄기가 연이어 흐르고
기암절벽이 수려한
포은 정몽주 귀향살이
시 한 수 읊조리던
물 좋고 산세 좋은 곳

경주 최 씨 집청정은
향로봉을 바라다 보이고
맑은 소리를 모은다는 집청정
묵객 시인들의 소통의 장소
400여 편의 시가 흐르고

암각화 길목은 대나무 숲을 비집으며
상수리 솔나무 사잇길
황토 흙길은 고향 같아라

바닷물과 태화강 줄기가 이어지는 곳
선사시대 7000년 전
바위에 새겨진 문양은
생존의 기원과 바람
선조들의 숨결은 암각화에 새겨지고

고래 거북이 물고기 사슴 멧돼지
호랑이 표범 여우 늑대 너구리
바다고래 물고기잡이 짐승 문양들은
많이 잡게 해달라는 기원

바다와 강을 끼고 도는 흐르는
강줄기 반구대 암각화
유일한 세계 가치로 인정받는 문화재

암각화를 볼 수 있다는 것에
선조들의 흔적과 발자취를 느끼며
감동과 회한이 인다

분홍 동백

동백꽃 앞에 서면
내 작은 모습

오직 분홍빛으로 나를 절이는
티 없는 분홍빛

내 안 너를 채우며
행복에 투명해져 간다

맑은 봄 햇살 아래
고요히 피어
세상 향해 손짓하고 부르면
다가가 얼굴 맞대어 쓰다듬지

또 다른 날
새 생명 잉태함에 정겨워
머무는 발길
분홍빛 마음 속 채우다 돌아서네

새 생명 움틈에
나의 생명도 피어나고
인고 세월 기다리어

나절나절
몇 날 피어
송이째 떨어진대도
꺾여진대도

연분홍 절인 꽃
그 꽃이고 싶다

인연은 바로 여기에

세월은 흘러
지나고 보니 바쁜 나날들
달리고 멈추어 서기를 여러 해

터널터덜 완행버스를 타고
1시간 30분을 달려
마음을 쉴 수 있는
통도사가 나온다

기도를 하고 친정어머니 아버지가 계신
요양병원을 간다

죽을 끓이고 과일 쥬스도 만들고
아침마다 그 시간에 항상 만나는
12번 기사아저씨

차비 아끼랴 직행 대신 완행을 탔는데
어딜 가오 매일 아침마다
어머니 아버지 병원요

12번 버스 기사 덕분으로
교통비를 아낄 수 있었다

8개월을 거의 거르지 않고
병원으로 문안을 갔으니 말이다

아기 잠들듯 쌔근쌔근 차츰차츰
꺼져가는 가느다란 어머니 목소리
그래도 가슴 그리운 건 어쩔 수 없어

소등할 때쯤
완행을 타고 집으로 온다

어느 날 그때도 코로나처럼
갑자기 인플레인자가 돌아
한 달가량 병문안을 금지했다

그 무렵 아버지는 홀연듯
임종도 못 한 채 떠나셨다
항상 면회오던 딸을 얼마나 기다렸을까
일하다 말고 바쁘게 갔지만
마지막 보지 못한 얼굴

알고 보니 버스 아저씨는
같은 동네에 살고 있었다

세월은 이렇게 흘렀는데도
잊혀지지 않을 잊을 수 없는
고마운 아저씨
가끔 안부전화를 드린다

빈 지게

빛바랜 시아버지 지게가
터실터실 날깃날깃
헛간에서 퇴색된 채 낡고

무심히 본 지게에
어깨가 닳도록 멍울 들였을
당신의 흔적

어깨에 징기워진 지게로
먹이고 입히고 공부시키었던
아픔이랄까 추억이랄까

빈 지게는 아직 떠나지 못한 채
헛간을 지키고 섰다

짓물어 멍울 맺혀 약 바르던
친정 아버지 어깨도 선한데

당연한 듯 철이 없었다는 말 밖엔
지금은 아무 것도 할 수가 없네

당신들의 숨결이
한 줄기 비수 같이
가슴에 남아 꽂히네

아버지와 시아버지
그리고 또 아버지들의
삶이 있었기에
오늘이 있네

금낭화 찻집

따끈따끈한 차 한 잔에
등 뒤에서 몰아내는 식은 땀

차가움과 뜨거움을 중화시키고
할딱거리는 마음도 내려 앉는다
온 우주를 감싸고 도는 차 한 잔

전주와 나주에서
부산과 김해에서
서울에서

소암 스님도
부산문학 대표님도
모인 금낭화 찻집

오천 겁 인연 있어
불타듯 목마른 인연으로
달리고 달려왔을까

하이얀 백연차에
맨드라미 물도 드리운다
따끈따끈한 보이 찻잔에 불타는 숨결

오카리나 하모니카 바이올린
연주는 하모니를 이루고

소중하게 맺고 만들고
다듬고 가꾸었던 인연

귀한 만남이 이루어진
첫 모임은 이렇게 지났다

오륙도

일하다 시간이 나면
오십 층에서 늘 저 멀리
마지막 오륙도를 내려다 본다

오늘따라 운무는
흐릿하도록
섬 주위를 빙빙 돈다

날아갈듯 말듯
보일듯 말듯
피어나는 운무

오륙도 유람하던
어머님의 향연인가

나실 나실 빨강 주머니
꼬깃꼬깃 쌈짓돈 풀며
손녀와의 마지막 유람

먼 길 다시는 돌아오지 못 할
그리운 오륙도는
뿌연 운무만 피어오른다

엄마 품

보고 싶은 우리 엄마
부처님 같았던 우리 엄마
아홉 자식 어찌 키웠을까
마다 않고 묵묵히
인고의 세월 어찌 사셨을까

아홉 자식 배 안 굶기려
작은 땅 팔고 큰 땅 사서
첩첩 산골로 갔었지
그래서 배불리 먹을 수 있었지

엄마는 고생만 많이 했지
참기름 간장으로 밥 먹던 시절도 있었지

세월이 흐를수록 엄마 품이 그립고
젖가슴도 그립다
세월이 갈수록 엄마 마음 닮아가네
보고 싶은 우리 엄마

홀씨 피워 나르고

그리웁다 못한 자유
어디로 튀어 나를까

엄동설한 얼음물
얼다 녹은 개울 소리

그믐날 차가운 공기
흩어진 아낙네의 숨

홀씨되어 흩날리며
오붓한 길 산책했네

길목마다 진한 그리움
이야기꽃 피워 나르고

저 언덕에 흔적 없는 그리움
참배 드리고 돌아왔네

水蓮 박명조 [제1시집]
마음에 피어난 들꽃

인쇄 : 2023년 08월 30일
발행 : 2023년 09월 01일

지은이 : 박명조
펴낸이 : 김영찬
펴낸곳 : 도서출판 부산문학
발행처 : 도서출판 한국인
주소 : 부산광역시 동구 중앙대로 308번길 7-3
전화 : 051-929-7131, 010-3593-7131
전자우편 : sahachan@naver.com
출판등록 : 제2014-000004호
Print edition : ISBN 979-11-92829-90-6 (03810)
Online edition : ISBN 979-11-92820-80-0 (05810)
정가 12,000원 (E-BOOK 6,000원)